Impressum
Verlag: BABADADA GmbH, Nedderfeld 112 , 22529 Hamburg
Geschäftsführer / Verlagsleitung: Harald Hof
Druck: Books on Demand GmbH, In de Tarpen 42, 22848 Norderstedt

Imprint
Publisher: BABADADA GmbH, Nedderfeld 112 , 22529 Hamburg, Germany
Managing Director / Publishing direction: Harald Hof
Print: Books on Demand GmbH, In de Tarpen 42, 22848 Norderstedt, Germany

школа
学校

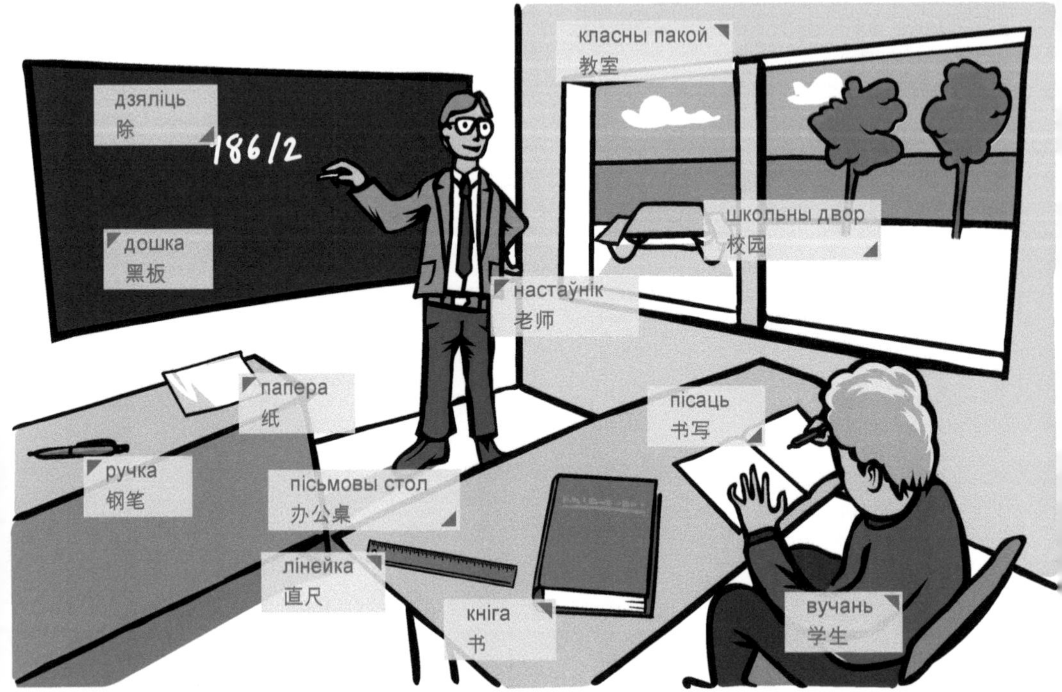

класны пакой
教室
дзяліць
除
186/2
дошка
黑板
школьны двор
校园
настаўнік
老师
папера
纸
пісаць
书写
ручка
钢笔
пісьмовы стол
办公桌
лінейка
直尺
кніга
书
вучань
学生

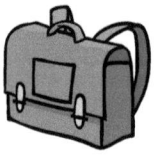

ранец

书包

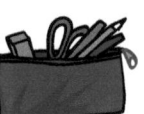

пенал

铅笔盒

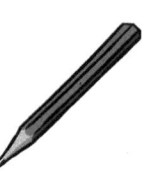

просты аловак

铅笔

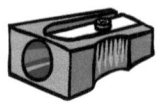

тачылка для алоўкаў

卷笔刀

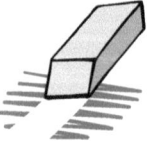

гумка

橡皮擦

альбом для малявання

画板

малюнак

图画

пэндзлік

画笔

фарбы

颜料盒

нажніцы

剪刀

клей

胶水

сшытак

练习册

хатняе заданне

家庭作业

лік

数字

дадаваць

加

адымаць

减

множыць

乘

лічыць

计算

літара

字母

алфавіт

字母表

слова

字

тэкст

课文

чытаць

读

крэйда

粉笔

ўрок

上课

класны журнал

登记

экзамен

考试

атэстат

证书

школьная форма

校服

адукацыя

教育

энцыклапедыя

百科全书

універсітэт

大学

мікраскоп

显微镜

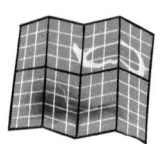

карта

地图

смеццевы кошык

废纸筐

падарожжа
旅行

гатэль
酒店
Grand
хостэл
青年旅社
ROOMS
абменны пункт
外币兑换处
EXCHANGE
чамадан
手提箱
аўтамабіль
汽车

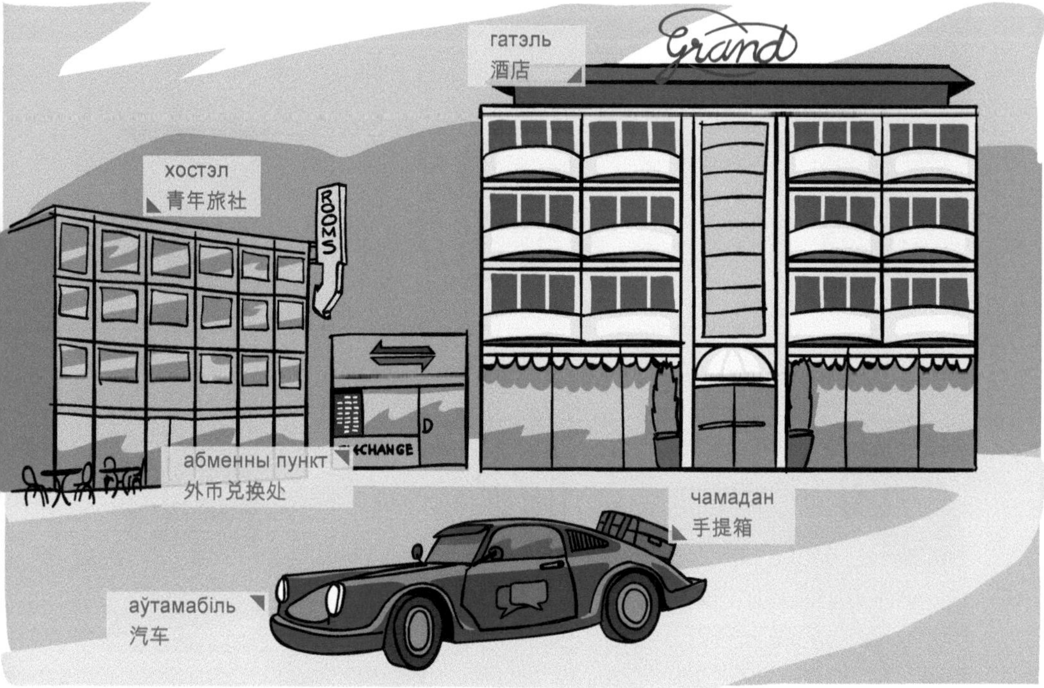

мова
语言

так / не
是/否

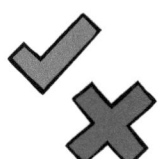

добра
好的

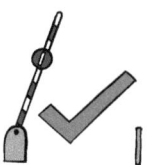

прывітанне!
您好

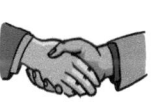

перакладчык
翻译员

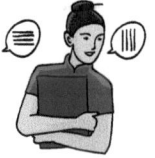

дзякуй
谢谢

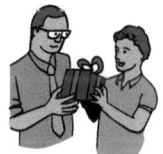

Колькі каштуе....?

......多少钱？

я не разумею

我不明白

праблема

问题

Добры вечар!

晚上好！

Добрай раніцы!

早上好！

Дабранач!

晚安！

да пабачэння

再见

кірунак

方向

багаж

行李

сумка

包

заплечнік

双肩包

госць

客人

пакой

房间

спальны мяшок

睡袋

палатка

帐篷

інфармацыя для турыстаў

旅游信息

пляж

海滩

крэдытная картка

信用卡

снеданне

早餐

абед

午餐

вячэра

晚餐

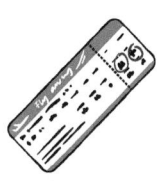

праязны білет

票

ліфт

电梯

паштовая марка

邮票

мяжа

边界

мытня

海关

пасольства

大使馆

віза

签证

пашпарт

护照

транспарт
交通运输

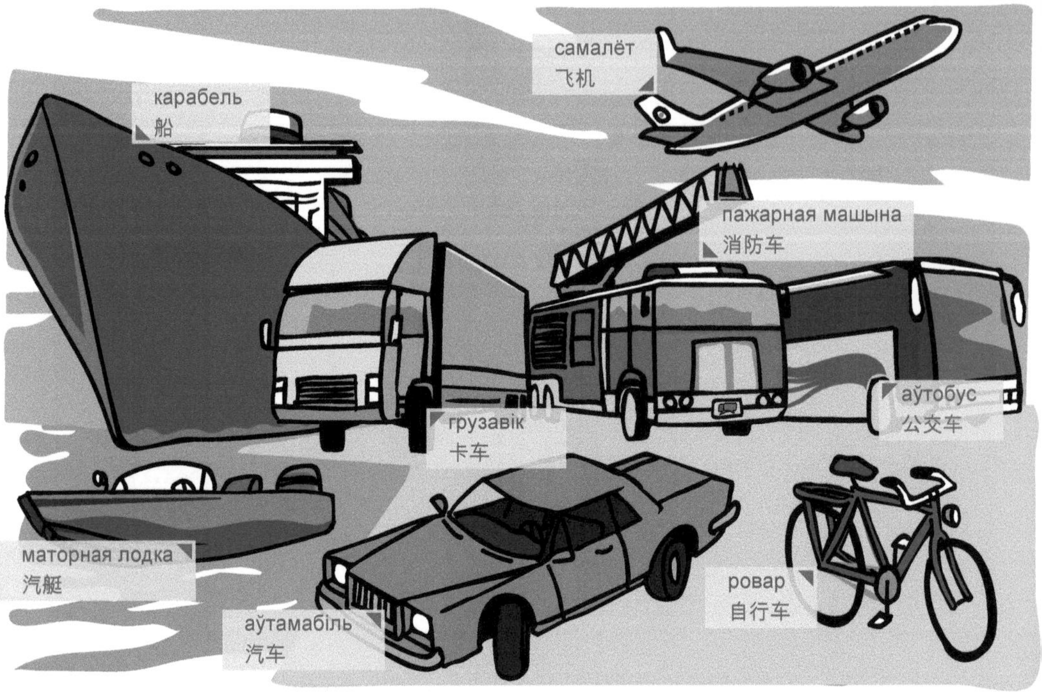

самалёт
飞机
карабель
船
пажарная машына
消防车
аўтобус
公交车
грузавік
卡车
маторная лодка
汽艇
ровар
自行车
аўтамабіль
汽车

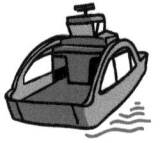

парам

摆渡船

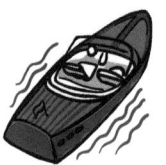

лодка

小船

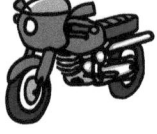

матацыкл

摩托车

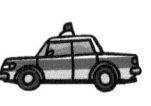

паліцэйская машына

警车

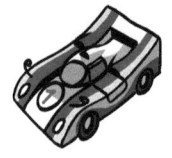

гоначны аўтамабіль

赛车

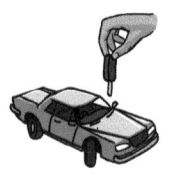

арэндаваны аўтамабіль

租车

сумеснае карыстанне
аўтамабілем

拼车

эвакуатар

拖车

смеццявоз

垃圾车

матор

发动机

паліва

汽油

запраўка

加油站

дарожны знак

交通标志

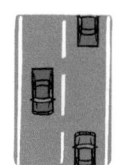

дарожны рух

交通

затор

交通堵塞

паркоўка

停车场

чыгуначная станцыя

火车站

рэйкі

轨道

цягнік

火车

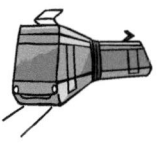

трамвай

电车

вагон

货车

верталёт

直升机

аэрапорт

机场

вежа

塔

пасажыр

乘客

кантэйнер

集装箱

кардонная скрыня

纸板箱

тачка

手推车

карзіна

篮子

ўзлятаць / прызямляцца

起飞/降落

горад

城市

вёска

村庄

цэнтр горада

市中心

дом

房子

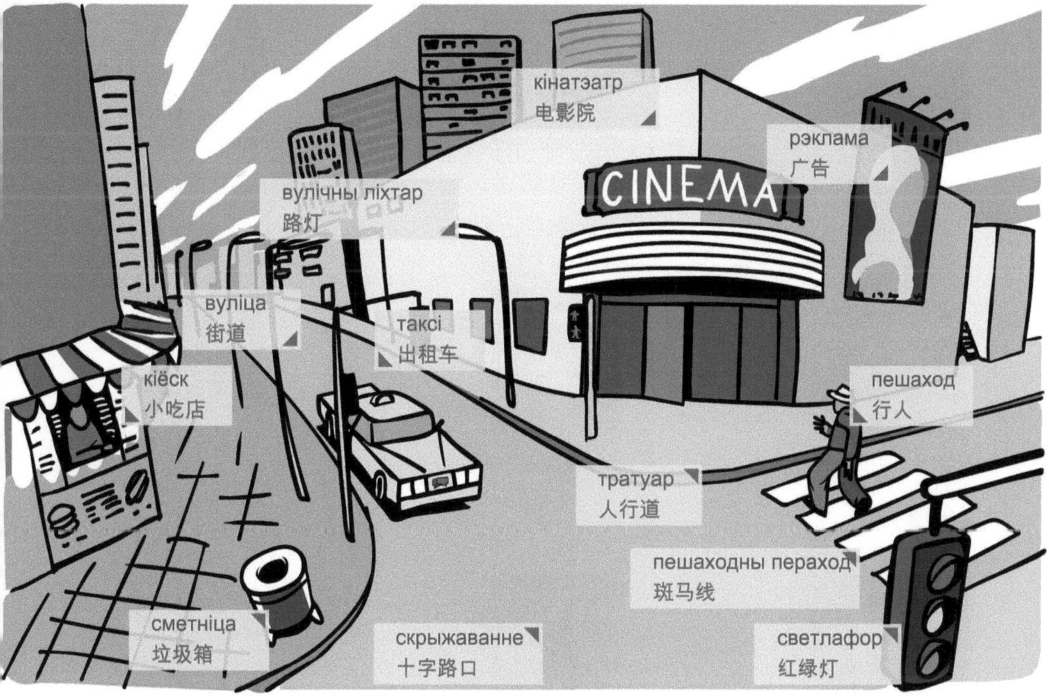

кінатэатр
电影院
CINEMA
рэклама
广告
вулічны ліхтар
路灯
вуліца
街道
таксі
出租车
кіёск
小吃店
пешаход
行人
тратуар
人行道
пешаходны пераход
斑马线
сметніца
垃圾箱
скрыжаванне
十字路口
светлафор
红绿灯

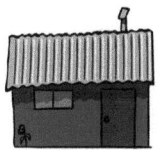

халупа

小屋

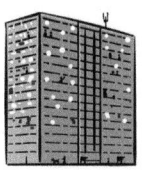

кватэра

公寓

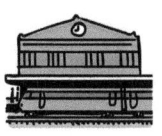

чыгуначная станцыя

火车站

ратуша

市政厅

MUSEUM

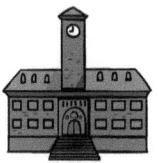

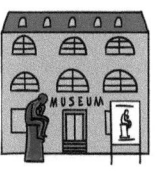

музей

博物馆

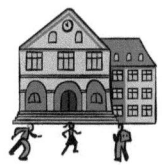

школа

学校

універсітэт

大学

банк

银行

шпіталь

医院

гатэль

酒店

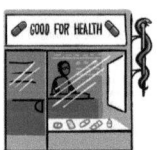

аптэка

药房

офіс

办公室

кнігарня

书店

крама

商店

кветкавая крама

花店

супермаркет

超市

кірмаш

市场

універмаг

百货商店

рыбная крама

鱼店

гандлевы цэнтр

购物中心

порт

海港

парк

公园

лава

长凳

мост

桥

лесвіца

楼梯

метро

地铁

тунэль

隧道

прыпынак

公交车站

бар

酒吧

рэстаран

餐馆

паштовая скрыня

邮筒

вулічны паказальнік

路标

паркамат

停车计时器

заапарк

动物园

басейн

游泳馆

мячэць

清真寺

сядзіба

农场

забруджванне
навакольнага асяроддзя

污染

могілкі

墓地

царква

教堂

пляцоўка для гульні

操场

храм

寺庙

краявід
地形

ліст
树叶

паказальнік
指示牌

дарога
路

луг
草地

камень
石头

дрэва
树

падарожнік
徒步旅行者

рака
河

трава
草

кветка
花

даліна

峡谷

гара

山

возера

湖

лес

森林

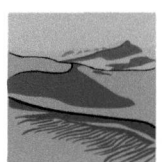

пустыня

沙漠

вулкан

火山

замак

城堡

вясёлка

彩虹

грыб

蘑菇

пальма

棕榈树

камар

蚊子

муха

苍蝇

мурашка

蚂蚁

пчала

蜜蜂

павук

蜘蛛

жук

甲虫

жаба

青蛙

вавёрка

松鼠

вожык

刺猬

заяц

野兔

сава

猫头鹰

птушка

鸟

лебедзь

天鹅

дзік

野猪

алень

鹿

лось

麋鹿

плаціна

水坝

вятрак

风力发电机

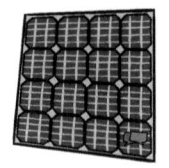

сонечная батарэя

太阳能电池板

клімат

气候

рэстаран
餐馆

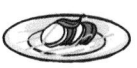

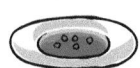

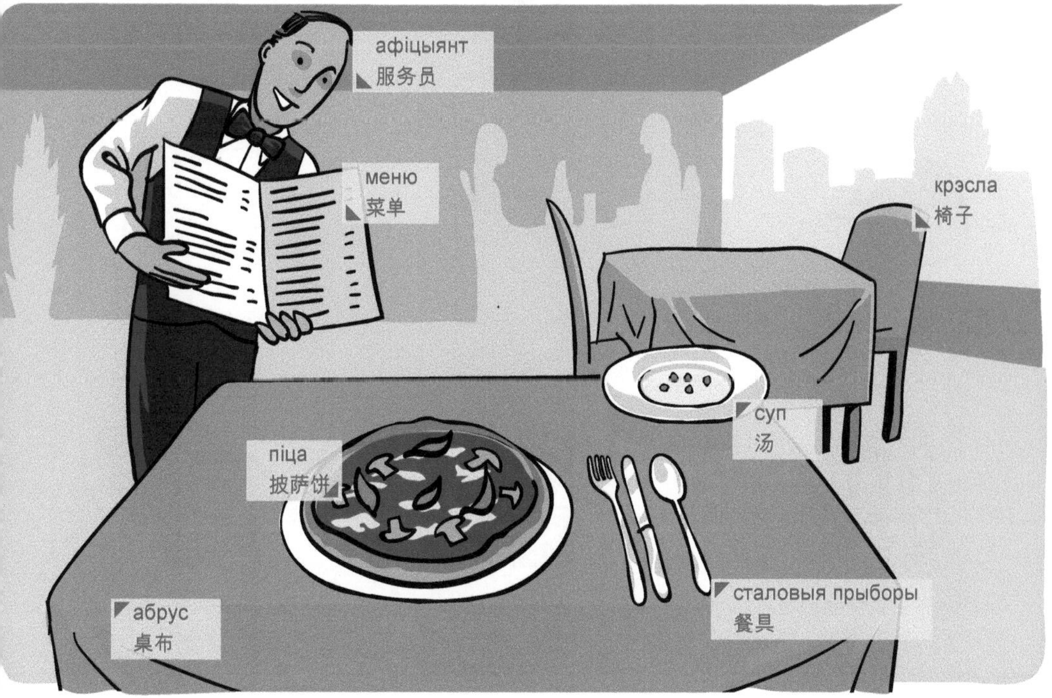
афіцыянт
服务员
меню
菜单
крэсла
椅子
суп
汤
піца
披萨饼
абрус
桌布
сталовыя прыборы
餐具

закуска

前菜

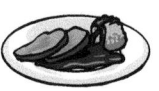

другая страва

主菜

дэсерт

甜点

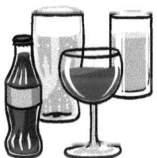

напоі

饮料

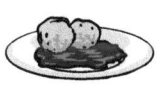

ежа

食物

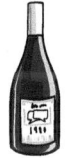

бутэлька

瓶子

хуткае харчаванне (фаст-фуд)

快餐

стрыт-фуд

街边小吃

імбрык (чайнік)

茶壶

цукарніца

糖盒

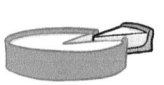

порцыя

一份饭菜

эспрэса-машына

意式咖啡机

дзіцячае крэселка

高脚椅

рахунак

账单

паднос

托盘

нож

刀

відэлец

餐叉

лыжка

勺子

чайная лыжка

茶匙

сурвэтка

餐巾

шклянка

玻璃杯

талерка

碟子

супавая талерка

汤盘

сподак

碟子

соус

酱

сальніца

盐瓶

млынок для перцу

胡椒磨

воцат

醋

алей

食用油

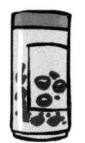

спецыі

调味料

кетчуп

番茄酱

гарчыца

芥末

маянэз

蛋黄酱

супермаркет

超市

акцыя
特价
FOR
пакупнік
顾客
малочныя прадукты
乳制品
садавіна
水果
вазок
购物车

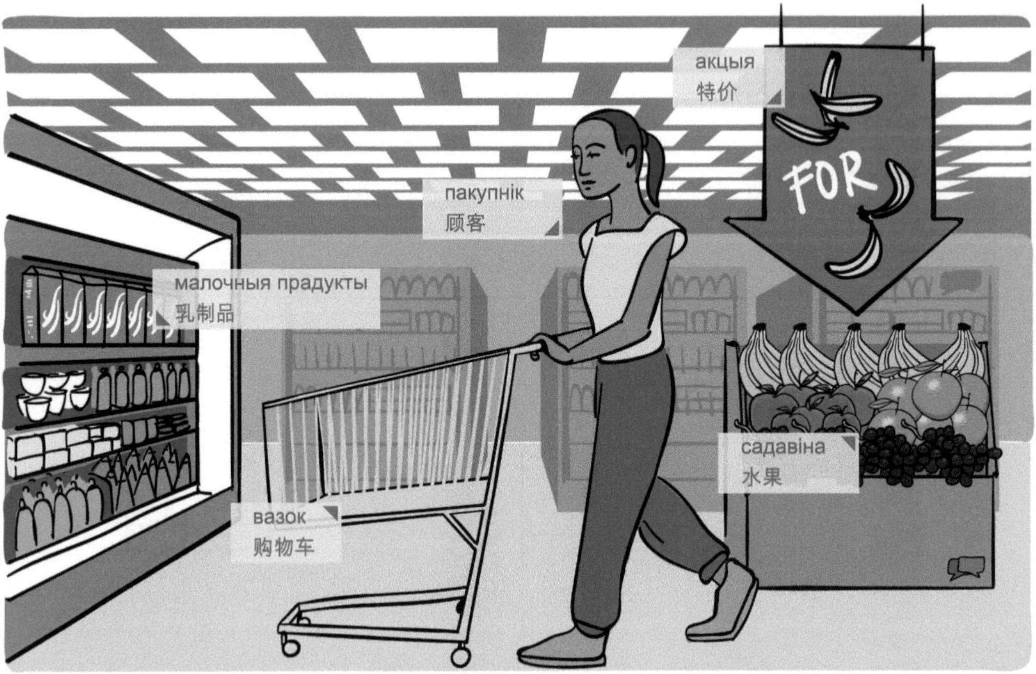

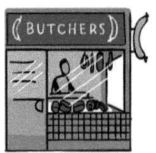

BUTCHERS

мясная крама

肉铺

BAKERY

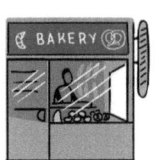

хлебны магазін

面包房

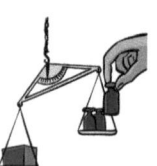

важыць

称重

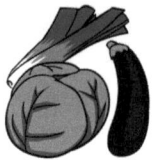

гародніна

蔬菜

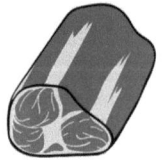

мяса

肉

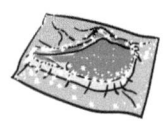

свежазамарожаныя прадукты

冷冻食品

нарэзка

冷盘

кансервы

罐头食品

пральны парашок

洗衣粉

прысмакі

甜食

хатнія прылады

日用品

чысцячы сродак

清洁用品

прадавец

销售员

каса

收银机

касір

收银员

спіс пакупак

购物清单

гадзіны працы

开放时间

бумажнік

钱包

крэдытная картка

信用卡

сумка

袋子

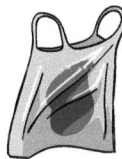

пакет

塑料袋

вада

水

сок

果汁

малако

牛奶

кола

可乐

віно

红酒

піва

啤酒

алкаголь

酒

какава

可可

гарбата (чай)

茶

кава

咖啡

эспрэса

意式浓缩咖啡

капучына

卡布奇诺

банан

香蕉

яблык

苹果

апельсін

橙子

дыня

西瓜

лімон

柠檬

морква

胡萝卜

часнок

大蒜

бамбук

竹子

цыбуля

洋葱

грыб

蘑菇

арэхі

坚果

локшына

面条

спагеці

意大利面条

рыс

米饭

салата

沙拉

бульба фры

薯条

смажаная бульба

炸土豆

піца

披萨饼

гамбургер

汉堡包

бутэрброд

三明治

шніцаль

炸猪排

вяндліна

火腿

салямі

萨拉米

каўбаса

香肠

курыца

鸡肉

смажаніна

烤肉

рыбак

鱼

аўсяныя камякі

燕麦片

мюслі

穆兹利

кукурузныя шматкі

玉米片

мука

面粉

круасан

羊角面包

булачка

面包卷

хлеб

面包

тост

烤面包

пячэнне

饼干

масла

黄油

тварог

凝乳

пірог

蛋糕

яйка

蛋

яечня

煎蛋

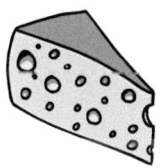

сыр

奶酪

марожанае

冰激凌

цукар

糖

мёд

蜂蜜

варэнне

果酱

нуга

巧克力酱

кары

咖喱饭

ежа - 食物

сядзіба
农场

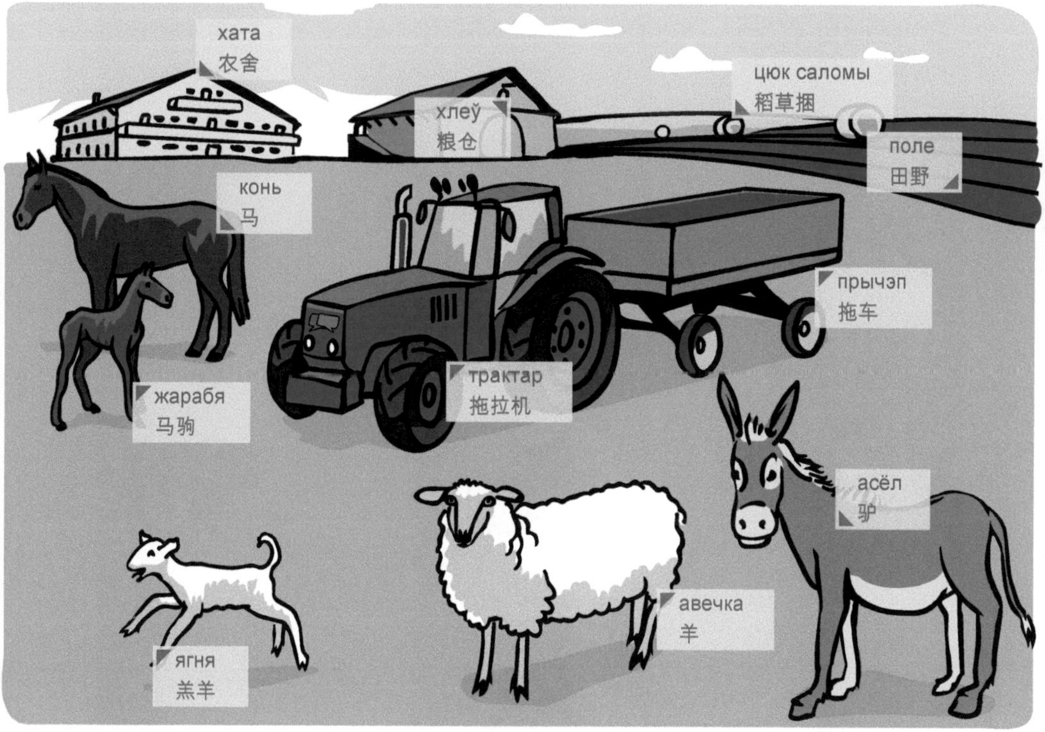
хата
农舍
хлеў
粮仓
цюк саломы
稻草捆
поле
田野
конь
马
прычэп
拖车
трактар
拖拉机
жарабя
马驹
асёл
驴
авечка
羊
ягня
羔羊

каза
山羊

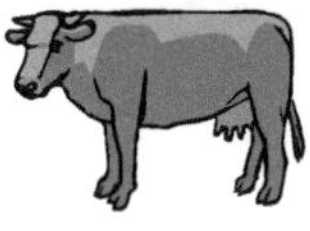
карова
奶牛

цяля
牛犊

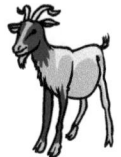

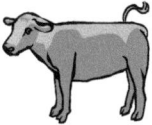

свіння
猪

парася
小猪

бык
公牛

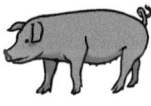

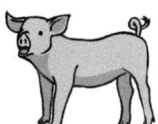

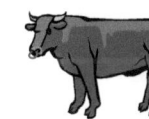

гусак

鹅

качка

鸭

кураня

小鸡

курыца

母鸡

певень

公鸡

пацук

鼠

кот

猫

мыш

老鼠

вол

牛

сабака

狗

сабачая будка

狗屋

садовы шланг

花园浇水软管

палівачка

洒水壶

каса

长柄大镰刀

плуг

犁

серп

镰刀

матыка

锄头

вілы для гною

长柄草耙

сякера

斧头

тачка

独轮手推车

карыта

饲料槽

бітон для малака

牛奶罐

мех

麻布袋

плот

栅栏

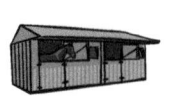

хлеў

马厩

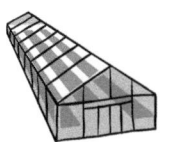

цяпліца

温室

глеба

土壤

насенне

种子

угнаенне

肥料

камбайн

联合收割机

збіраць ураджай

收割

ураджай

收割

ямс

山药

пшаніца

小麦

соя

大豆

бульба

土豆

кукуруза

玉米

рапс

油菜籽

садовае дрэва

果树

маніёк

树薯

збожжа

谷物

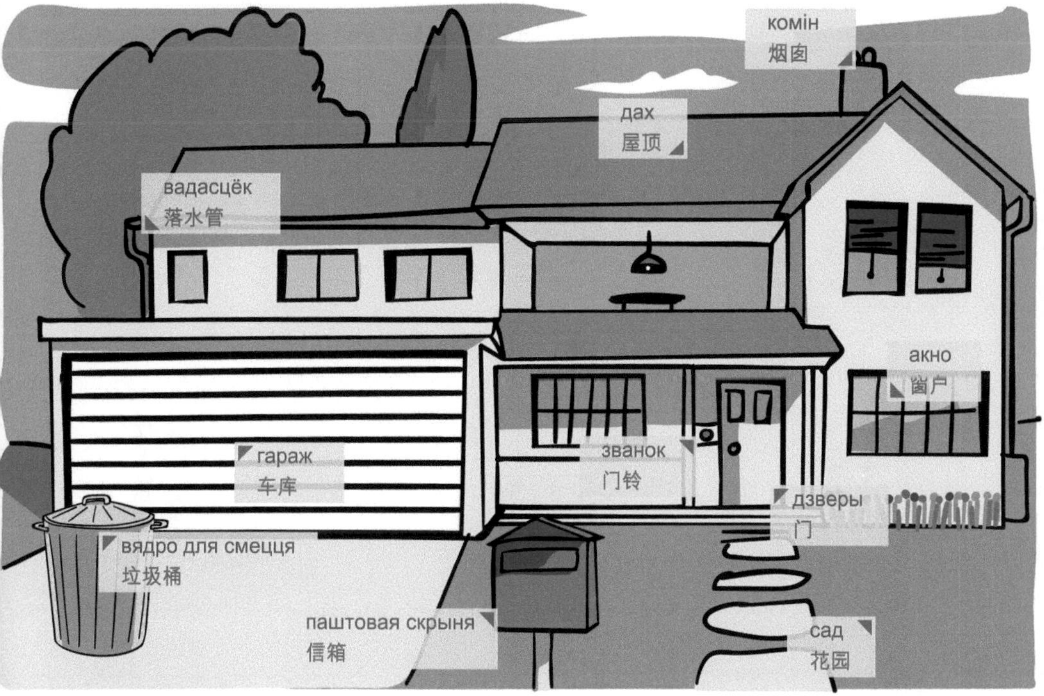

комін
烟囱

дах
屋顶

вадасцёк
落水管

акно
窗户

гараж
车库

званок
门铃

дзверы
门

вядро для смецця
垃圾桶

паштовая скрыня
信箱

сад
花园

жылы пакой

客厅

ванная

浴室

кухня

厨房

спальны пакой

卧室

дзіцячы пакой

儿童房

сталоўка

餐厅

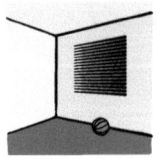

падлога

地板

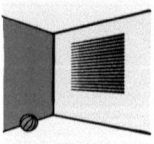

сцяна

墙壁

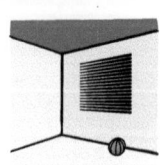

столь

吊顶

падвал

地窖

саўна

桑拿

балкон

阳台

тэраса

露台

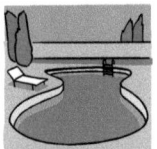

басейн

游泳池

касілка

割草机

падкоўдранік

被单

коўдра

床罩

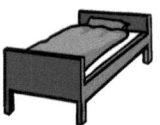

ложак

床

венік

扫帚

вядро

水桶

выключальнік

开关

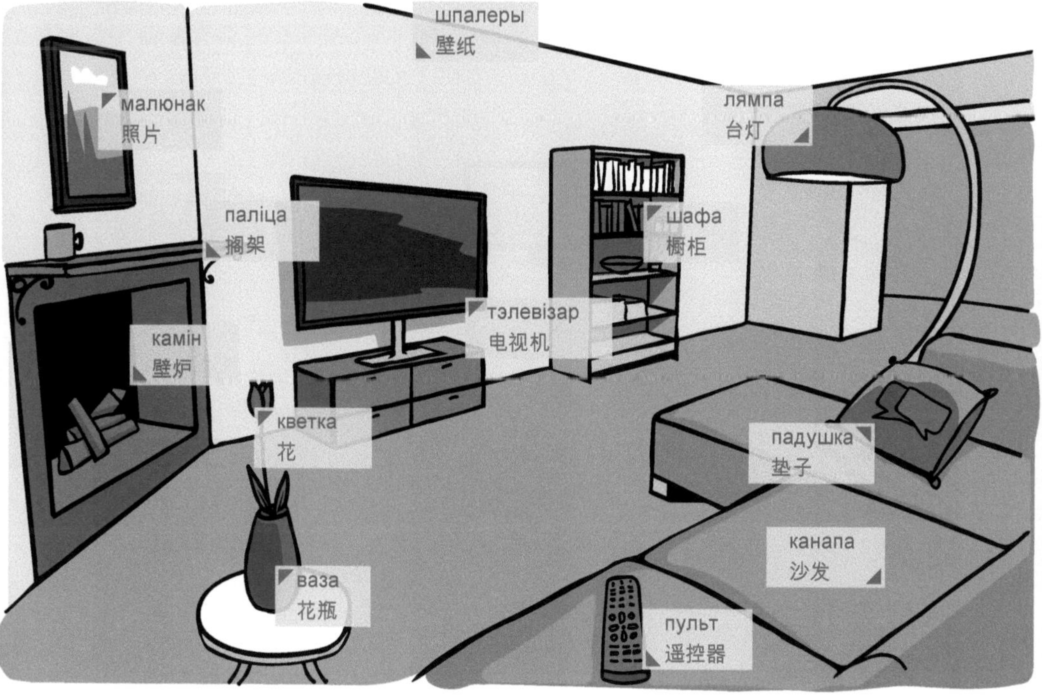

шпалеры
壁纸

малюнак
照片

лямпа
台灯

паліца
搁架

шафа
橱柜

тэлевізар
电视机

камін
壁炉

кветка
花

падушка
垫子

канапа
沙发

ваза
花瓶

пульт
遥控器

дыван

地毯

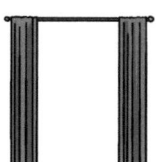

фіранка

窗帘

стол

餐桌

крэсла

椅子

крэсла-качалка

摇椅

крэсла

扶手椅

кніга

书

коўдра

毯子

дэкарацыя

装饰品

дровы

木柴

кіно

电影

стэрэасістэма

高保真音响

ключ

钥匙

газета

报纸

карціна

油画

постар

海报

радыё

收音机

нататнік

笔记本

пыласос

吸尘器

кактус

仙人掌

свечка

蜡烛

кухня
厨房

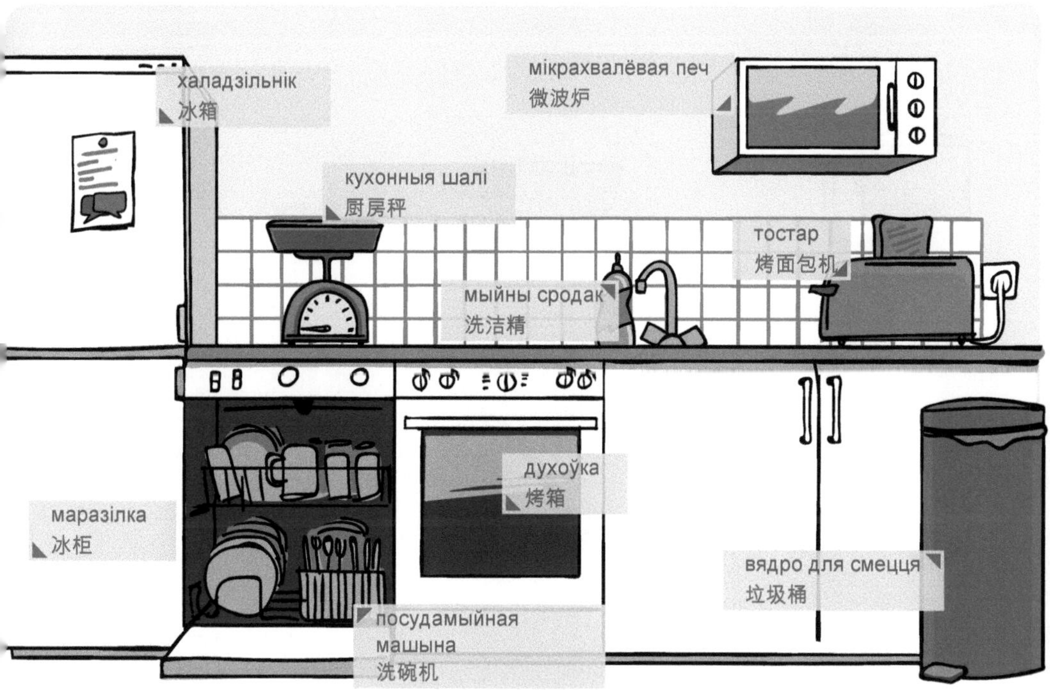
халадзільнік
冰箱
мікрахвалёвая печ
微波炉
кухонныя шалі
厨房秤
тостар
烤面包机
мыйны сродак
洗洁精
духоўка
烤箱
маразілка
冰柜
вядро для смецця
垃圾桶
посудамыйная машына
洗碗机

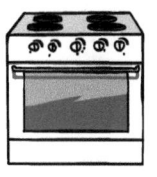

пліта

炊具

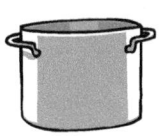

рондаль

锅

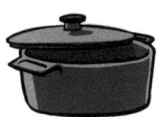

чыгунок

铸铁锅

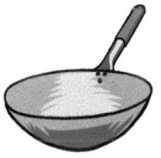

Вок / кадаі

炒锅

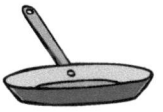

патэльня

平底锅

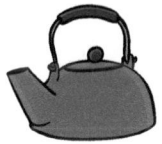

чайнік

水壶

параварка

蒸锅

бляха

烤盘

посуд

陶瓷锅

кубак

马克杯

міска

碗

палачкі для ежы

筷子

чарпак

长柄勺

лапатачка

铲子

збівалка

搅拌器

сіта для варэння

滤网

сіта

筛子

тарка

磨碎机

ступка

研钵

грыль

烧烤

вогнішча

明火

дошка

菜板

качалка

擀面杖

штопар

开瓶器

бляшанка

罐子

адкрывалка

开罐器

прыхваткі

隔热手套

ракавіна

水槽

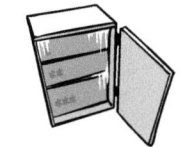

шчотка

刷子

губка

海绵

міксер

搅拌机

маразільная камера

冷藏箱

бутэлечка

奶瓶

вадаправодны кран

水龙头

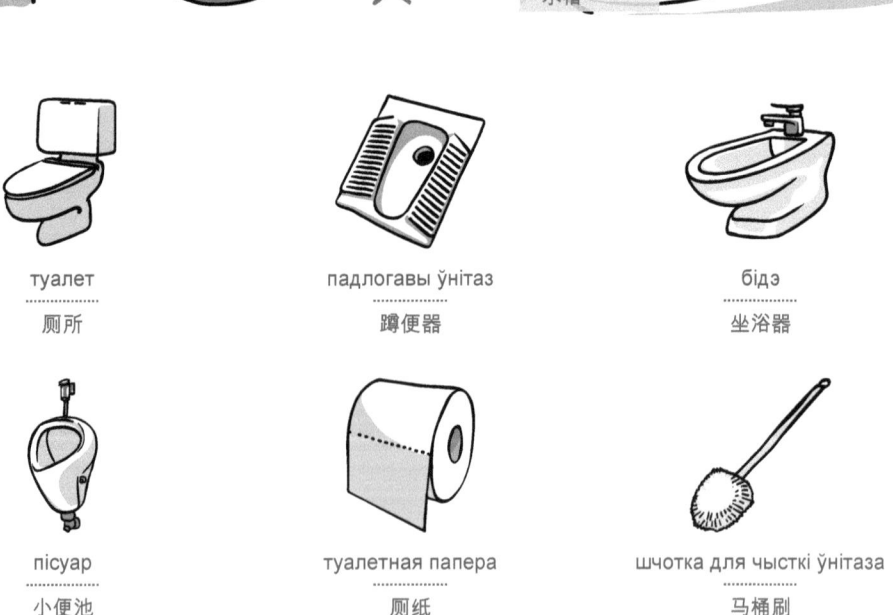

ванная
浴室

ручніковы сушыцель
供暖设备
душ
淋浴
ручнік
毛巾
штора для душа
浴帘
пенная ванна
泡沫浴
ванна
浴缸
шклянка
玻璃杯
мыйная машына
洗衣机
вадаправодны кран
水龙头
плітка
瓷砖
начны гаршчок
便壶
ракавіна
水槽

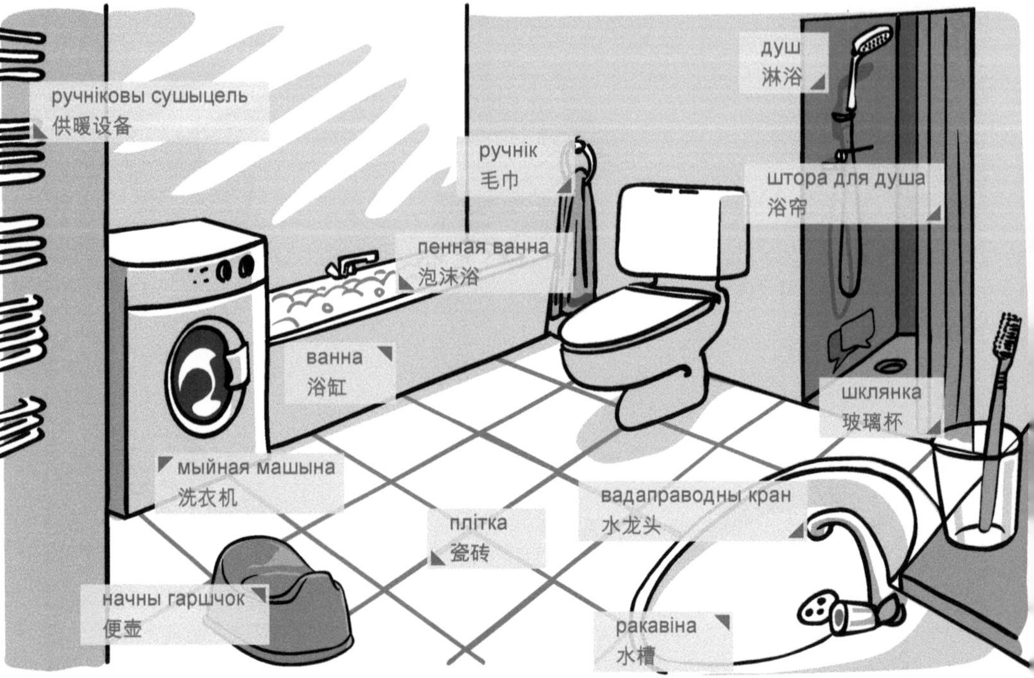

туалет
厕所

падлогавы ўнітаз
蹲便器

бідэ
坐浴器

пісуар
小便池

туалетная папера
厕纸

шчотка для чысткі ўнітаза
马桶刷

зубная шчотка

牙刷

зубная паста

牙膏

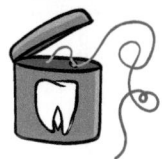

зубная нітка

牙线

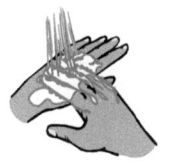

мыць

洗

ручны душ

手持式喷淋头

інтымны душ

冲洗器

умывальнік

洗脸盆

шчотка для спіны

擦背刷

мыла

肥皂

гель для душа

沐浴露

шампунь

洗发水

вяхотка

法兰绒

вадасцёк

排水

крэм

乳霜

дэзадарант

除臭剂

люстэрка

镜子

касметычнае люстэрка

手镜

станок для галення

剃须刀

пена для галення

剃须泡沫

ласьён пасля галення

须后水

грэбень

梳子

шчотка

刷子

фен

吹风机

лак для валасоў

喷发定型剂

касметыка

化妆品

памада

唇膏

лак для пазногцяў

指甲油

вата

化妆棉

манікюрныя нажніцы

指甲剪

духі

香水

касметычка

洗漱包

табурэтка

凳子

вагі

计重秤

лазневы халат

浴袍

санітарныя пальчаткі

橡胶手套

тампон

卫生棉条

гігіенічныя пракладкі

卫生巾

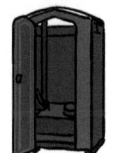

біятуалет

化学厕所

дзіцячы пакой

儿童房

будзільнік
闹钟
мяккая цацка
毛绒玩具
цацачная машынка
玩具车
бразготка
拨浪鼓
лялечны домік
玩具屋
падарунак
礼物

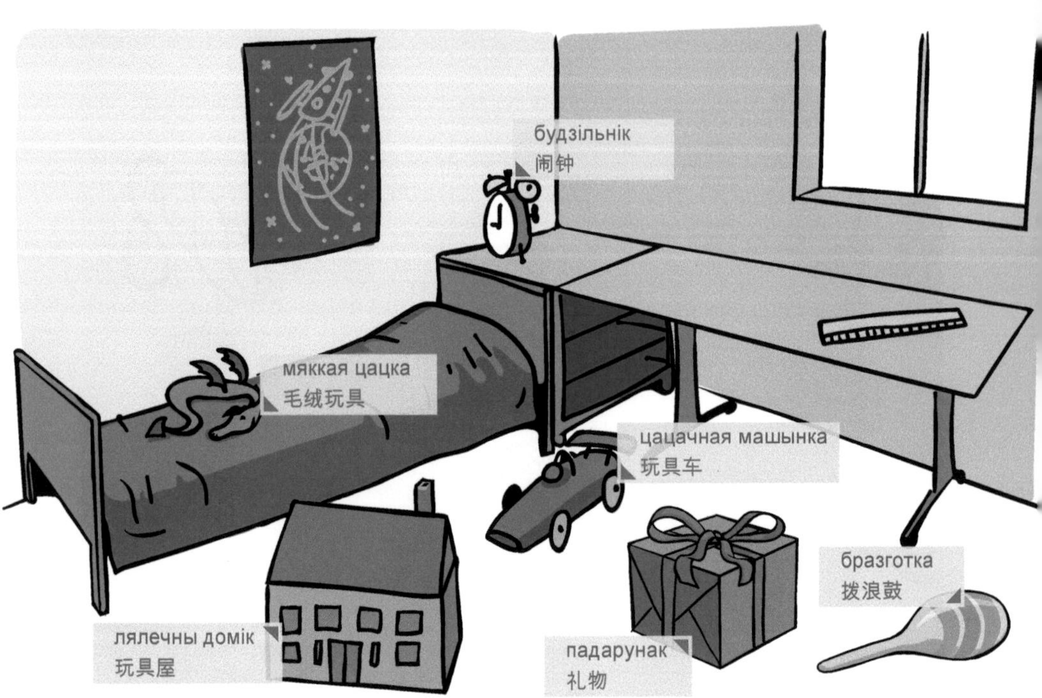

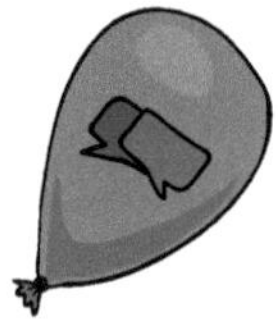

надзіманы шарык

气球

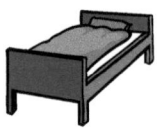

ложак

床

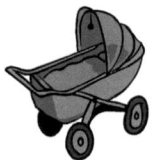

дзіцячая каляска

（洋娃娃用）婴儿车

калода картаў

扑克牌

пазл

拼图

SUPER
MEGA

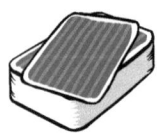

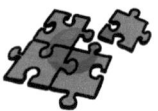

комікс

漫画

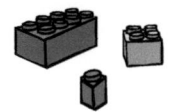

канструктар "Лега"

乐高积木

канструктар

积木玩具

экшэн-фігурка

玩具人

дзіцячы гарнітур

婴儿服

фрызбі

飞盘

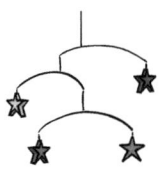

дзіцячы мабіль

床铃玩具

настольная гульня

棋盘游戏

кубік

骰子

дзіцячая чыгунка

火车模型

пустышка

安抚奶嘴

дзіцячае свята

聚会

кніга з малюнкамі

绘本

мячык

球

лялька

洋娃娃

гуляцца

玩

пясочніца

沙坑

арэлі

秋千

цацкі

玩具

гульнявая відэа прыстаўка

游戏机

трохколавы ровар

三轮车

плюшавы мішка

泰迪熊

шафа

衣柜

адзенне

衣服

шкарпэткі

袜子

панчохі

长袜

калготкі

紧身裤

шалік
围巾

парасон
雨伞

рамень
皮带

цішотка
T恤

красоўкі
运动鞋

боты
靴子

пантоплі
拖鞋

сандалі
凉鞋

абутак
鞋

гумовыя боты
雨靴

трусы
内裤

бюстгальтар
胸罩

майка
背心

бодзі

身体

штаны

裤子

джынсы

牛仔裤

спадніца

短裙

блузка

女式衬衫

кашуля

衬衫

джэмпер

套头衫

талстоўка

卫衣

блэйзер

西装夹克

куртка

夹克

паліто

外套

дажджавік

雨衣

касцюм

套装

сукенка

连衣裙

вясельная сукенка

婚纱

касцюм

西装

начная сарочка

睡袍

піжама

睡衣

сары

莎丽

хустка

头巾

цюрбан

包头巾

паранджа

波卡

каптан

卡夫坦

Абая

(阿拉伯式)长袍

купальнік

泳衣

плаўкі

男式泳裤

шорты

短裤

спартыўны касцюм

运动服

фартух

围裙

пальчаткі

手套

гузік

纽扣

акуляры

眼镜

бранзалет

手链

каралі

项链

кальцо

戒指

завушніца

耳环

кепка

便帽

вешалка

衣架

капялюш

帽子

гальштук

领带

маланка

拉链

шлем

头盔

падцяжкі

背带

школьная форма

校服

уніформа

制服

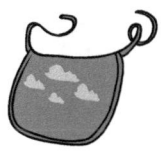

нагруднік

围兜

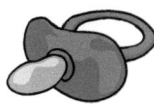

пустышка

安抚奶嘴

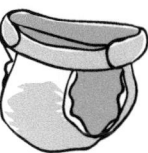

падгузнік

尿不湿

офіс

办公室

сервер
服务器
канцылярская шафа
文件柜
прынтэр
打印机
папера
纸
манітор
显示屏
мыш
鼠标
пісьмовы стол
办公桌
тэчка
文件夹
клавіятура
键盘
смеццевы кошык
废纸篓
кампутар
电脑
крэсла
椅子

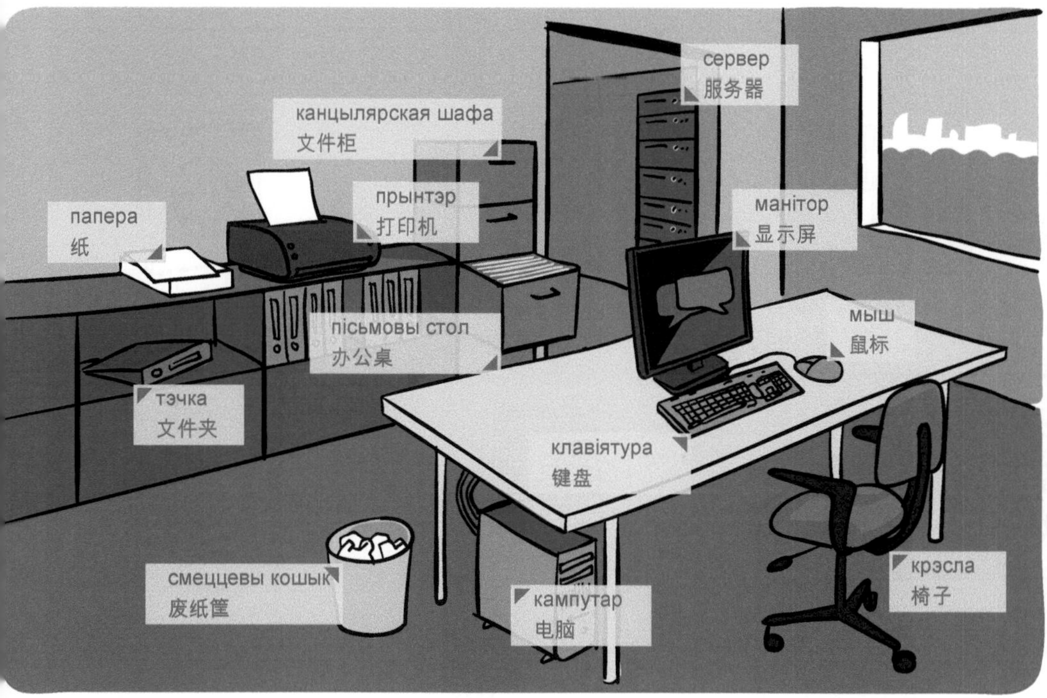

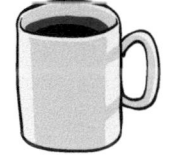

кубак для кавы (філіжанка)

咖啡杯

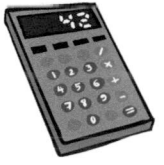

калькулятар

计算器

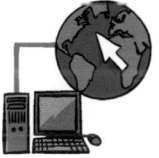

інтэрнэт

因特网

ноўтбук

笔记本电脑

ліст

信件

паведамленне

消息

мабільны тэлефон

手机

сетка

网络

ксеракс

复印机

праграмнае забеспячэнне

软件

тэлефон

电话

разетка

插座

факс

传真机

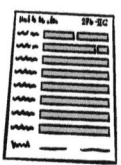

фармуляр

表格

дакумент

文件

купляць

买

плаціць

付钱

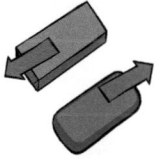

гандляваць

交易

грошы

现金

долар

美元

еўра

欧元

ена

日元

рубель

卢布

франк

瑞士法郎

кітайскі юань

人民币

рупія

卢比

банкамат

提款处

абменны пункт

外币兑换处

золата

金

срэбра

银

нафта

石油

энергія

能源

цана

价格

кантракт

合同

падатак

税金

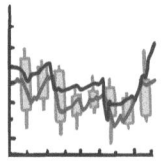

акцыя

股票

працаваць

工作

служачы

职员

працадаўца

老板

фабрыка

工厂

крама

商店

паліцыянт
警官

пажарны
消防员

кухар
厨师

доктар
医生

пілот
飞行员

садоўнік

园丁

слесар

木匠

швачка

裁缝

суддзя

法官

хімік

化学家

артыст

演员

кіроўца аўтобуса

公交车司机

таксіст

出租车司机

рыбак

渔夫

прыбіральшчыца

清洁女工

страхар

屋顶工

афіцыянт

服务员

паляўнічы

猎人

мастак

画家

пекар

面包师

электрык

电工

будаўнік

建筑工人

інжынер

工程师

мяснік

屠夫

сантэхнік

水管工

паштальён

邮递员

салдат

士兵

архітэктар

建筑师

касір

收银员

фларыст

花农

цырульнік

理发师

кандуктар

售票员

механік

机械师

капітан

船长

стаматолаг

牙医

вучоны

科学家

рабін

拉比

імам

伊玛目

манах

和尚

святар

牧师

інструменты
工具

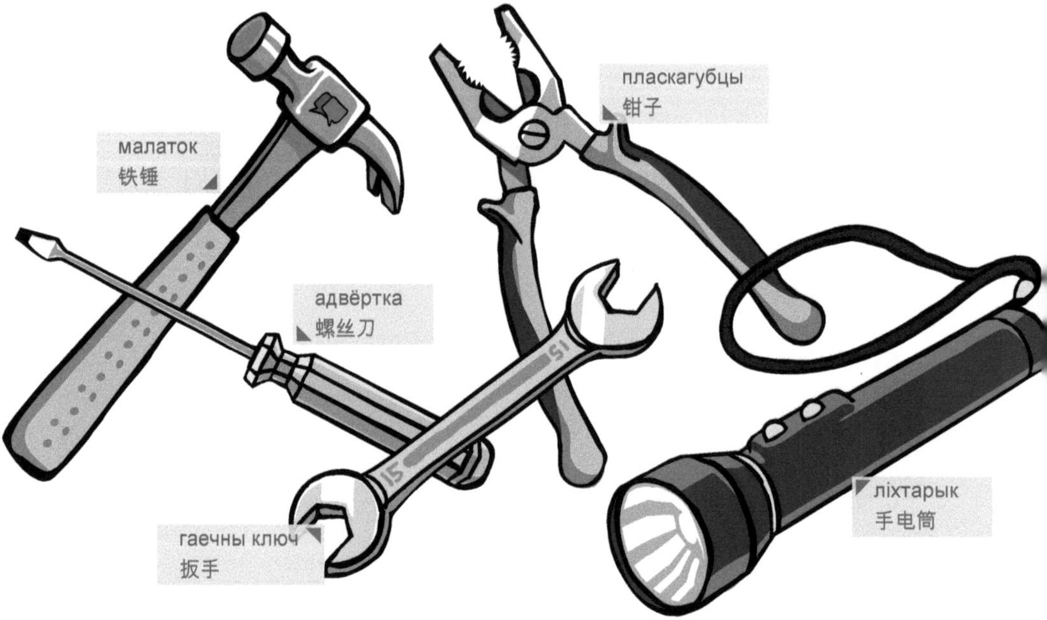
пласкагубцы
钳子
малаток
铁锤
адвёртка
螺丝刀
ліхтарык
手电筒
гаечны ключ
扳手

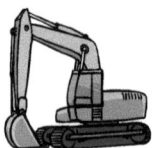

экскаватар

挖掘机

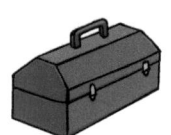

скрыня для інструментаў

工具箱

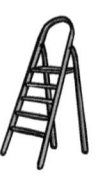

дравіны

梯子

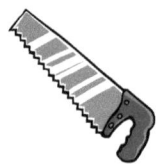

піла

锯子

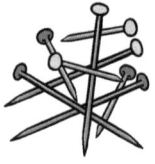

цвікі

钉子

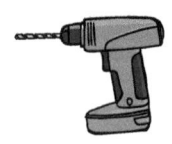

дрыль

钻机

рамантаваць
修

рыдлеўка
铲子

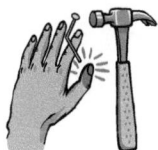

Халера!
靠！

шуфлік для смецця
簸箕

вядро з фарбаю
油漆桶

балты
螺丝

музычныя інструменты
乐器

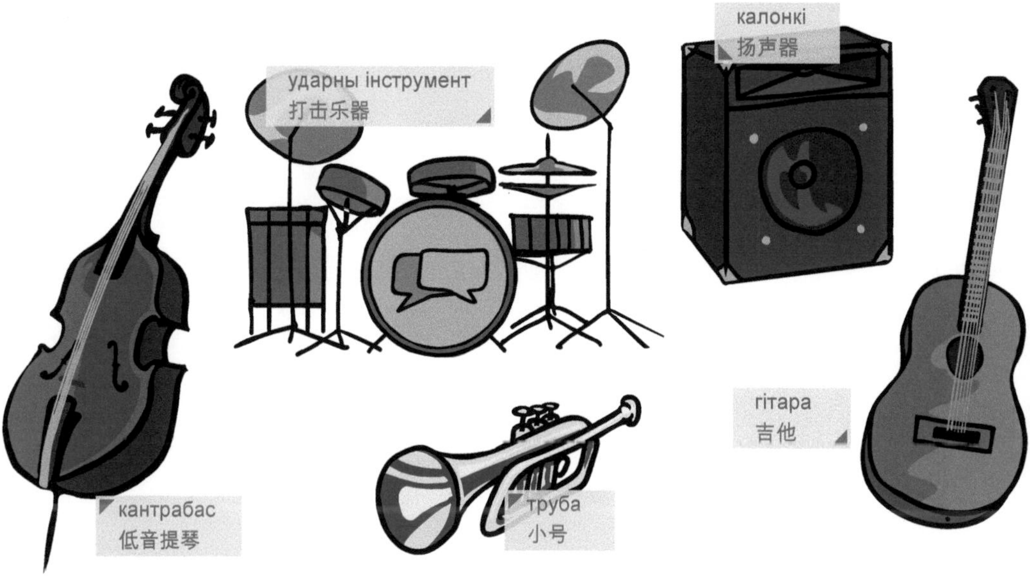

калонкі
扬声器

ударны інструмент
打击乐器

гітара
吉他

кантрабас
低音提琴

труба
小号

піяніна

钢琴

скрыпка

小提琴

басгітара

贝斯

літаўры

定音鼓

барабан

鼓

клавішны электрамузычны
інструмент

电子琴

саксафон

萨克斯管

флейта

长笛

мікрафон

麦克风

тыгр
老虎

увахуд
入口

клетка
笼子

зебра
斑马

корм для жывёл
动物饲料

панда
熊猫

жывёлы

动物

слон

大象

кенгуру

袋鼠

насарог

犀牛

гарыла

大猩猩

мядзведзь

熊

вярблюд

骆驼

стравус

鸵鸟

леў

狮子

малпа

猴子

фламінга

火烈鸟

папугай

鹦鹉

белы мядзведзь

北极熊

пінгвін

企鹅

акула

鲨鱼

паўлін

孔雀

змяя

蛇

кракадзіл

鳄鱼

наглядчык заапарка

动物园管理员

цюлень

海豹

ягуар

美洲豹

поні

矮种马

леапард

豹

бегемот

河马

жыраф

长颈鹿

арол

老鹰

дзік

野猪

рыбак

鱼

чарапаха

龟

морж

海象

ліса

狐狸

газель

羚羊

американскі футбол
橄榄球

веласпорт
骑自行车

тэніс
网球

баскетбол
篮球

плаванне
游泳

бокс
拳击

хакей з шайбай
冰球

футбол

英式足球

бадмінтон

羽毛球

лёгкая атлетыка

田径

гандбол

手球

горныя лыжы

滑雪

пола

马球

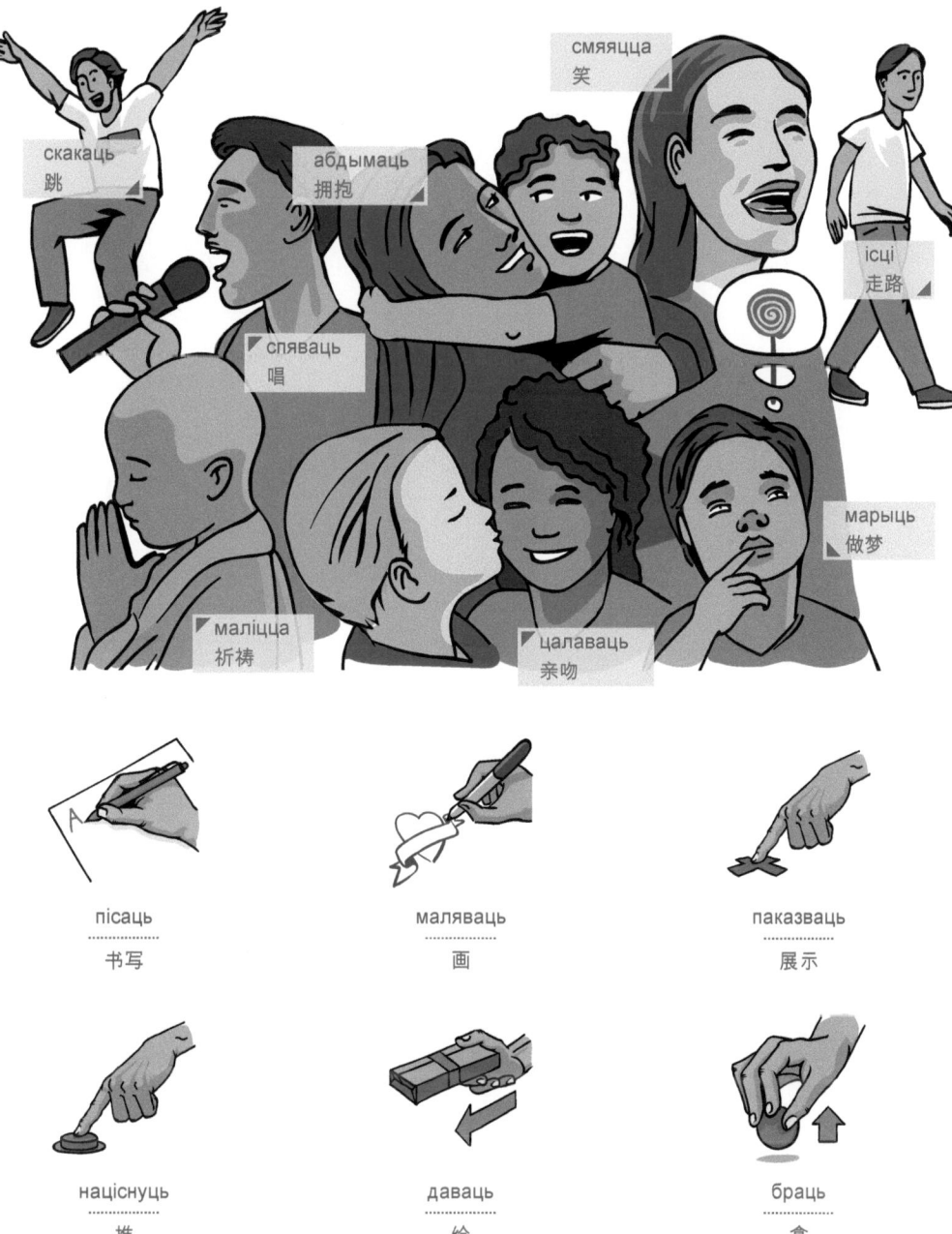

скакаць
跳

абдымаць
拥抱

смяяцца
笑

ісці
走路

спяваць
唱

маліцца
祈祷

цалаваць
亲吻

марыць
做梦

пісаць
书写

маляваць
画

паказваць
展示

націснуць
推

даваць
给

браць
拿

маць

有

выконваць

做

быць

当

стаяць

站

бегчы

跑

цягнуць

拉

кідаць

扔

падаць

摔倒

ляжаць

躺

чакаць

等待

насіць

携带

сядзець

坐

апранацца

穿衣

спаць

睡觉

прачынацца

醒来

глядзець

看

плакаць

哭

лашчыць

抚摸

прычэсвацца

梳头

гаварыць

交谈

разумець

明白

пытаць

问

чуць

听

піць

喝

есці

吃

прыбіраць

清理

кахаць

爱

гатаваць

做饭

ехаць

开车

лятаць

飞

плаваць пад ветразем

航行

лічыць

计算

чытаць

读

вучыць

学习

працаваць

工作

уступаць у шлюб

结婚

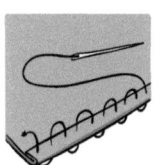

шыць

缝

чысціць зубы

刷牙

забіваць

杀

курыць

抽烟

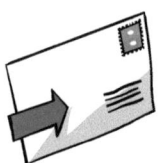

пасылаць

寄

сям'я
家

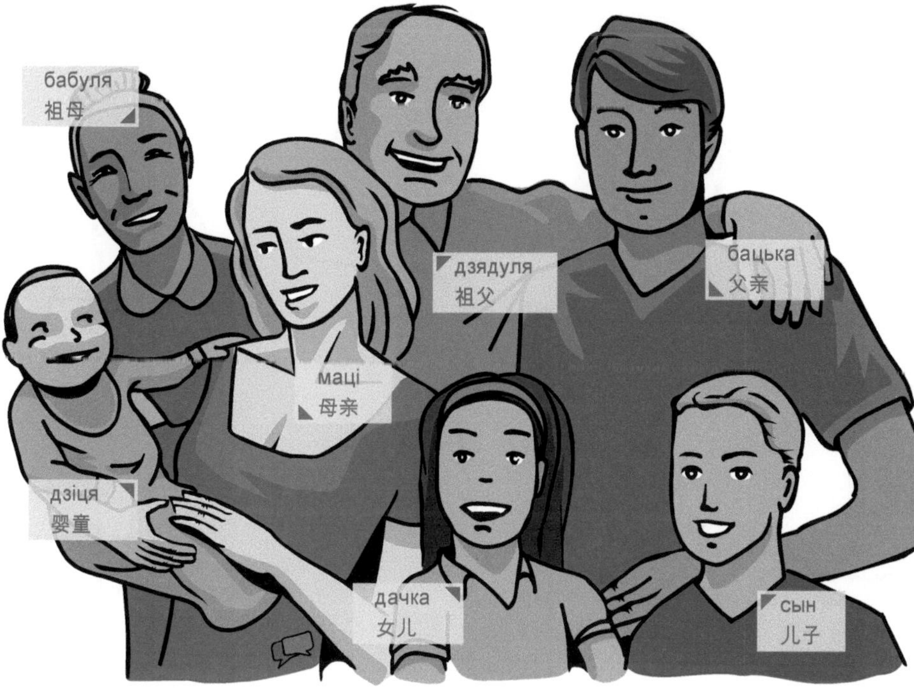
бабуля
祖母
дзядуля
祖父
бацька
父亲
маці
母亲
дзіця
婴童
дачка
女儿
сын
儿子

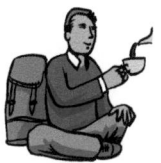

госць

客人

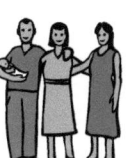

цётка

阿姨

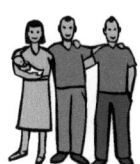

дзядзька

叔叔

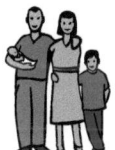

брат

兄弟

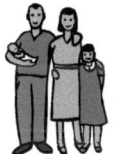

сястра

姐妹

цела
身体

лоб
前额
вока
眼睛
плячо
肩膀
палец
手指
твар
脸
падбародак
下巴
рука
手
грудзі
乳房
нага
腿
рука
手臂

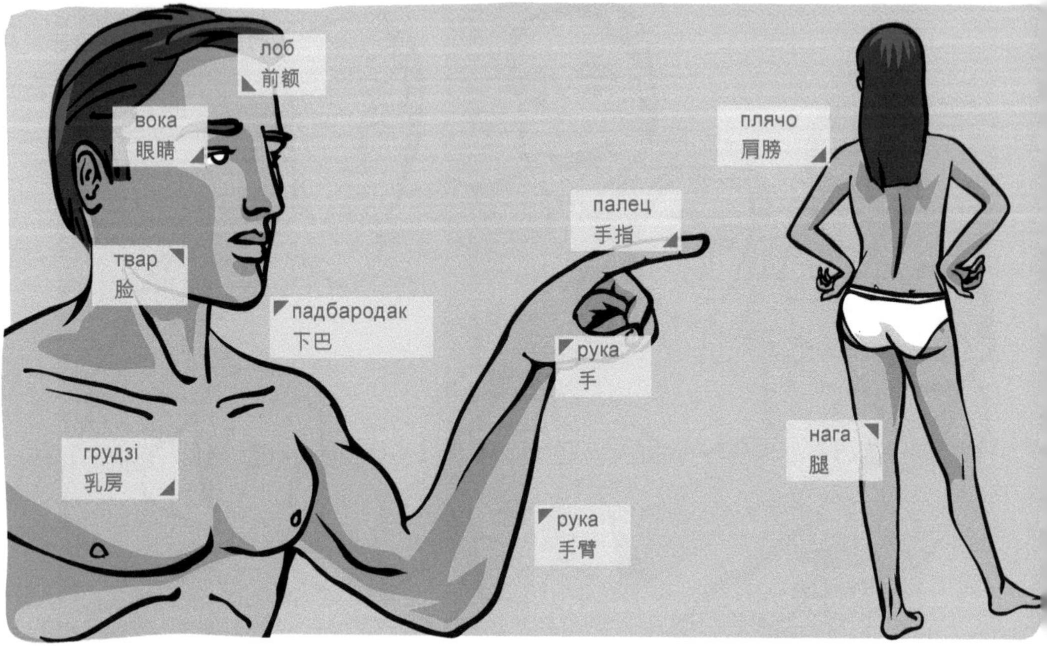

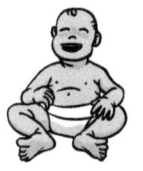

дзіця

婴童

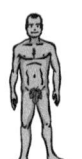

мужчына

男人

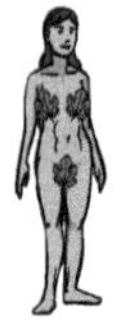

жанчына

女人

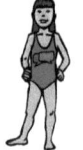

дзяўчынка

女孩

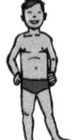

хлопчык

男孩

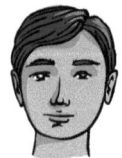

галава

头

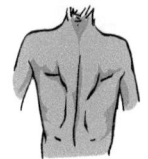

спіна

背部

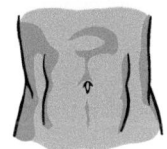

жывот

肚子

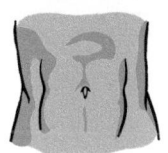

пуп

肚脐

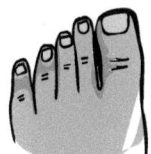

палец нагі

脚趾

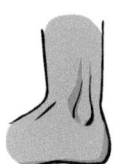

пятка

脚后跟

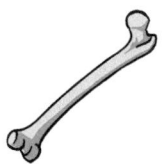

костка

骨头

бядро

臀部

калена

膝盖

локаць

手肘

нос

鼻子

ягадзіца

屁股

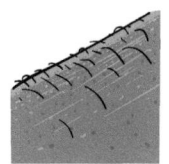

скура

皮肤

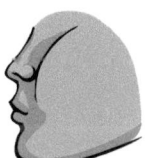

шчака

脸颊

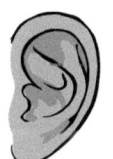

вуха

耳朵

губа

嘴唇

рот

嘴

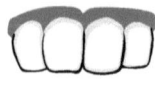

зуб

牙齿

язык

舌头

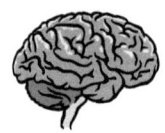

галаўны мозг

脑

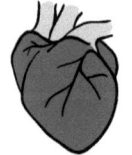

сэрца

心脏

мышца

肌肉

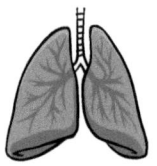

лёгкае

肺

пячонка

肝脏

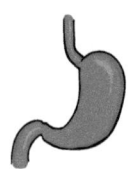

страўнік

胃

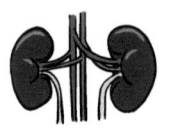

ныркі

肾脏

сэкс

性交

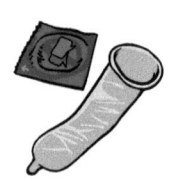

прэзерватыў

避孕套

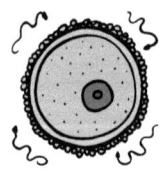

яйцаклетка

卵子

сперма

精子

цяжарнасць

怀孕

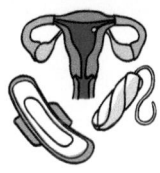

менструацыя

月经

похва

阴道

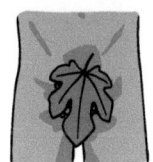

пеніс

阴茎

брыво

眉毛

валасы

头发

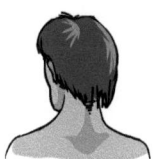

шыя

脖子

шпіталь

医院

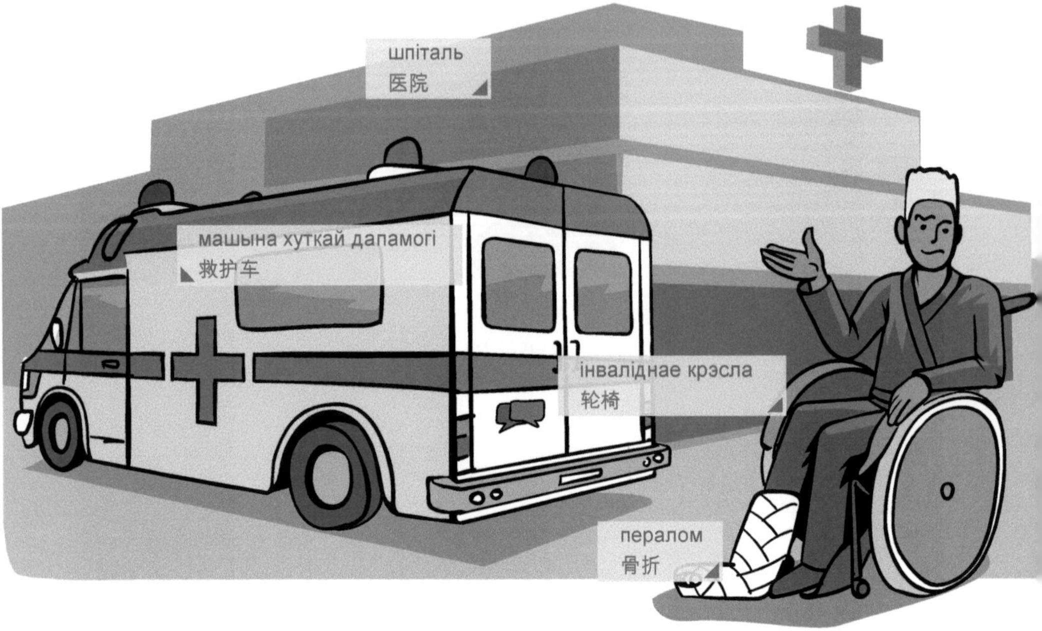

шпіталь
医院
машына хуткай дапамогі
救护车
інваліднае крэсла
轮椅
пералом
骨折

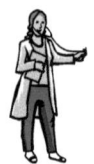

доктар

医生

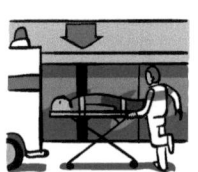

аддзяленне першай дапамогі

急诊室

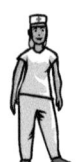

медсястра

护士

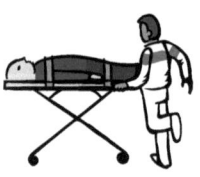

экстраная дапамога

紧急情况

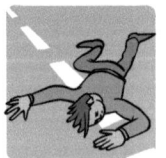

непрытомны

昏迷

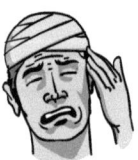

боль

痛

траўма

受伤

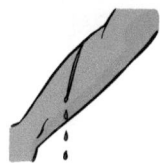

крывацёк

出血

інфаркт

心脏病发作

апаплексія

中风

алергія

过敏

кашаль

咳嗽

гарачка

发烧

грып

流感

панос

腹泻

галаўны боль

头痛

рак

癌症

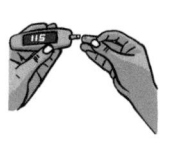

дыябет

糖尿病

хірург

外科医生

скальпель

手术刀

аперацыя

手术

КТ
CT

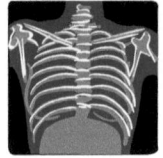

рэнтген
X光

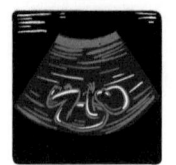

ультрагук
超声波

маска
口罩

хвароба
疾病

пачакальня
候诊室

мыліца
拐杖

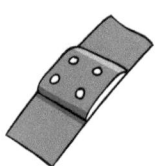

пластыр
石膏

бінт
绷带

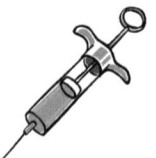

ін'екцыя
注射

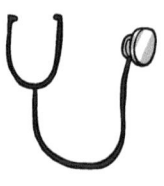

стэтаскоп
听诊器

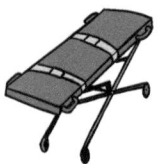

насілкі
担架

градуснік
体温计

нараджэнне
出生

лішняя вага
超重

слухавы апарат

助听器

дэзінфекцыйны сродак

消毒液

інфекцыя

感染

вірус

病毒

ВІЧ/СНІД

艾滋病

лекі

药物

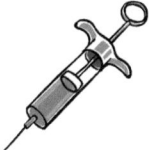

прышчэпка

接种疫苗

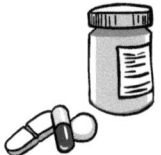

таблеткі

药片

супрацьзачаткавая таблетка

药丸

экстраны выклік

急救电话

танометр

血压计

хворы / здаровы

生病/健康

Ратуйце!

救命！

сігналізацыя

警报

напад

突击

атака

攻击

небяспека

危险

аварыйны выхад

紧急出口

Пажар!

着火啦！

вогнетушыцель

灭火器

аварыя

意外

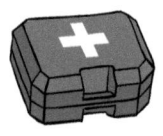

аптэчка

急救箱

СОС

呼救信号

паліцыя

警察

Еўропа

欧洲

Паўночная Амерыка

北美洲

Паўднёвая Амерыка

南美洲

Афрыка

非洲

Азія

亚洲

Аўстралія

澳洲

Атлантычны акіян

大西洋

Ціхі акіян

太平洋

Індыйскі акіян

印度洋

Паўднёвы ледавіты акіян

南冰洋

Паўночны ледавіты акіян

北冰洋

Паўночны полюс

北极

Паўднёвы полюс

南极

Антарктыда

南极洲

Зямля

地球

краіна

陆地

мора

海

востраў

岛

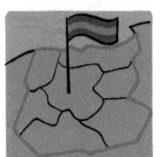

нацыя

国家

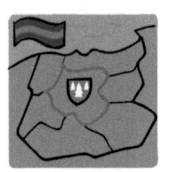

дзяржава

国家

цыферблат

钟面

гадзінная стрэлка

时针

хвілінная стрэлка

分针

секундная стрэлка

秒针

Колькі часу?

现在几点？

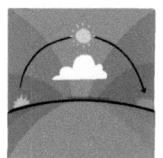

дзень

天

час

时间

зараз

现在

электронны гадзіннік

电子表

хвіліна

分

гадзіна

时

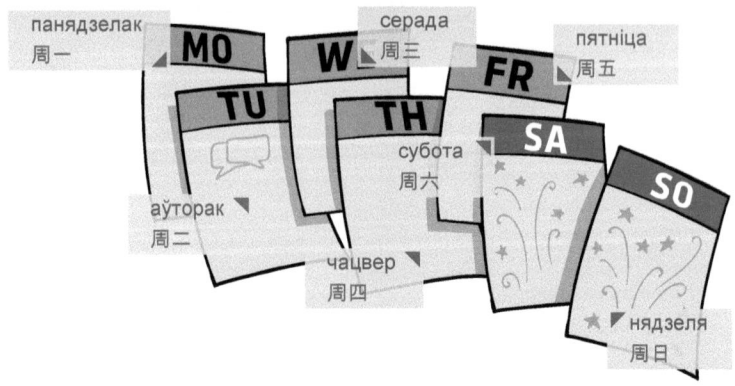

панядзелак
周一

серада
周三

пятніца
周五

аўторак
周二

чацвер
周四

субота
周六

нядзеля
周日

ўчора

昨天

сёння

今天

заўтра

明天

раніца

早晨

абед

中午

вечар

晚上

працоўныя дні

工作日

выхадныя

周末

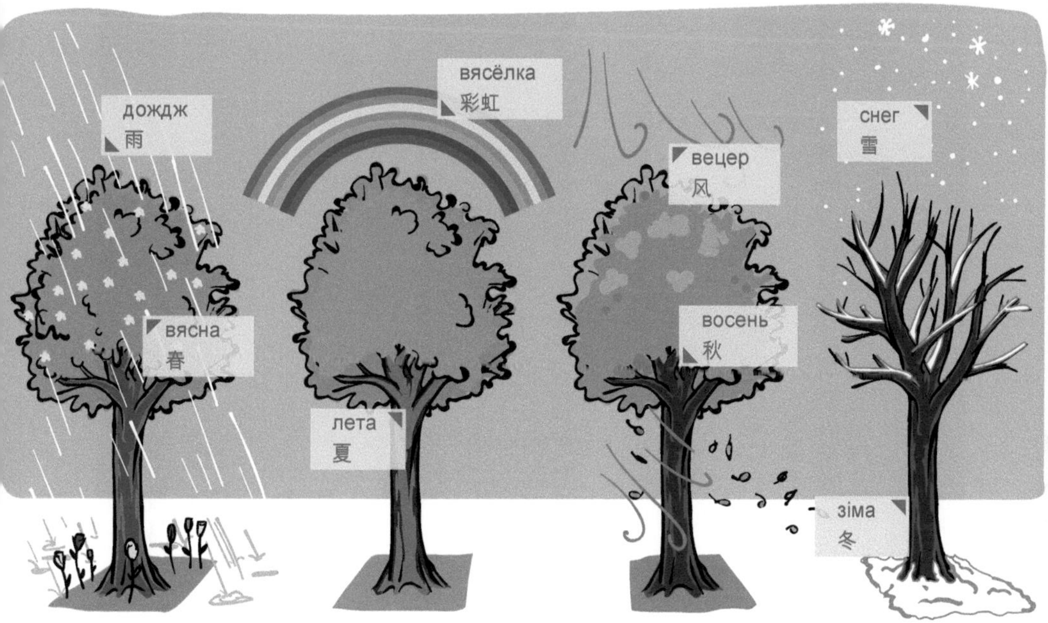

дождж
雨
вясёлка
彩虹
снег
雪
вецер
风
вясна
春
восень
秋
лета
夏
зіма
冬

4.APRIL 11°
5.APRIL 4°
6.APRIL 13°
7.APRIL 8°
8.APRIL 10°

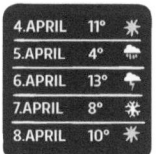

прагноз надвор'я

天气预报

F C
120 40
90 30
60 20
30 10
0 0
-30 -10
-20

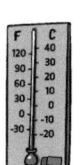

градуснік

温度计

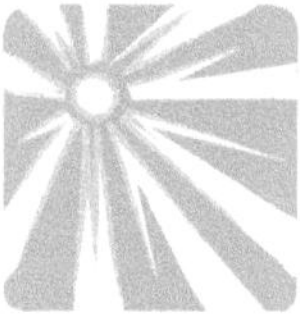

сонечнае святло

阳光

воблака

云

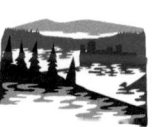

туман

雾

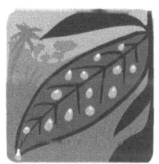

вільготнасць паветра

潮湿

маланка

闪电

гром

打雷

бура

风暴

град

冰雹

мусонны вецер

季风

прыліў

洪水

лёд

冰

студзень

一月

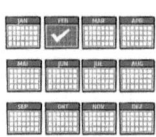

люты

二月

сакавік

三月

красавік

四月

май

五月

чэрвень

六月

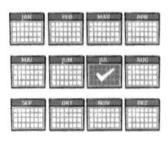

ліпень

七月

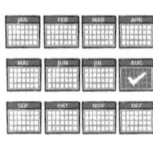

жнівень

八月

верасень
....
九月

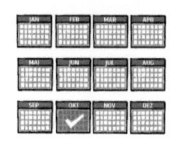

кастрычнік
....
十月

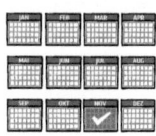

лістапад
....
十一月

снежань
....
十二月

формы
形状

круг
....
圓形

квадрат
....
正方形

прамавугольнік
....
长方形

трохвугольнік
....
三角形

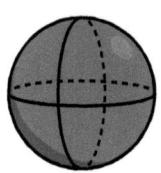

шар
....
球体

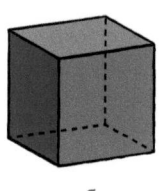

куб
....
立方体

белы

白

жоўты

黄

аранжавы

橙

ружовы

粉

чырвоны

红

фіялетавы

紫

сіні

蓝

зялёны

绿

карычневы

棕

шэры

灰

чорны

黑

шмат / мала

很多/少许

злы / добры

生气/平静

прыгожы / брыдкі

美/丑

пачатак / канец

首/尾

высокі / малы

大/小

светлы / цёмны

明/暗

сястра / брат

兄弟/姐妹

чысты / брудны

干净/肮脏

поўны / няпоўны

完整/缺失

дзень / ноч

白天/晚上

мертвы / жывы

死/生

шырокі / вузкі

宽/窄

ядомы / неядомы

可食用/非食用

злы / добры

邪恶/善良

узбуджаны / нудны

兴奋/无聊

тоўсты / тонкі

胖/瘦

першы / апошні

第一/最后

сябар / вораг

朋友/敌人

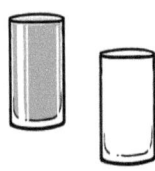

поўны / пусты

满/空

цвёрды / мяккі

硬/软

важкі / лёгкі

重/轻

голад / смага

饿/渴

хворы / здаровы

生病/健康

нелегальны / легальны

非法/合法

разумны / дурны

聪明/愚笨

левы / правы

左/右

побач / далёка

近/远

новы / былы ва ўжыванні

新/旧

нічога / нешта

没有/有些

стары / малады

老/幼

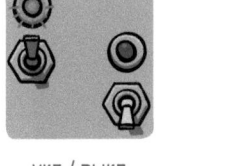

укл / выкл

开/关

адчынены / зачынены

打开/合上

ціхі / гучны

安静/吵闹

багаты / бедны

富/穷

правільна / няправільна

对/错

шурпаты / гладкі

粗糙/光滑

сумны / шчаслівы

伤心/高兴

кароткі / доўгі

短/长

павольны / хуткі

慢/快

вільготны / сухі

湿/干

цёплы / халаднаваты

温暖/凉爽

вайна / мір

战争/和平

0

нуль

零

1

адзін

一

2

два

二

3

тры

三

4

чатыры

四

5

пяць

五

6

шэсць

六

7

сем

七

8

восем

八

9

дзевяць

九

10

дзесяць

十

11

адзінаццаць

十一

12

дванаццаць
十二

13

трынаццаць
十三

14

чатырнаццаць
十四

15

пятнаццаць
十五

16

шаснаццаць
十六

17

сямнаццаць
十七

18

васямнаццаць
十八

19

дзевятнаццаць
十九

20

дваццаць
二十

100

сто
百

1.000

тысяча
千

1.000.000

мільён
百万

англійская

英语

англійская (Амерыка)

美式英语

кітайская мандарынская

普通话

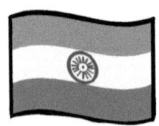

хіндзі

印地语

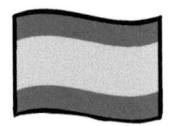

іспанская

西班牙语

французская

法语

арабская

阿拉伯语

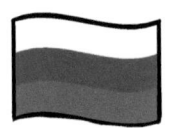

руская

俄语

партугальская

葡萄牙语

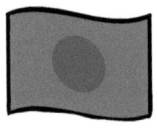

бенгальская

孟加拉语

нямецкая

德语

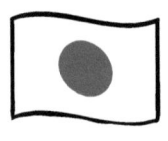

японская

日语

я

我

ты

你

ён / яна / яно

他/她/它

мы

我们

вы

你们

яны

他们

хто?

谁？

што?

什么？

як?

怎样？

дзе?

哪里？

калі?

什么时候？

імя

名字

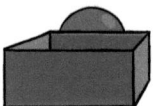

за

后面

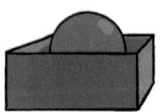

у

里面

перад

前面

над

上方

на

上面

пад

下面

каля

旁边

паміж

中间

месца

地点